AF547980

RBG
DIESES BUCH GEHÖRT:

Bibliografische Information der Deutschen Nationalbibliothek:
Die Deutsche Nationalbibliothek verzeichnet diese Publikation in der Deutschen Nationalbibliografie; detaillierte bibliografische Daten sind im Internet über http://dnb.d-nb.de abrufbar.

Die Handlung dieses Buches beruht auf wahren Begebenheiten. Die Autorinnen und der Verlag übernehmen für die tatsächlichen Vorkommnisse jedoch keine Garantie, zumal gewisse Tatsachen zum besseren Verständnis für jüngere Leserinnen und Leser vereinfacht dargestellt werden. Das Werk ist in einer verlagskonform geschlechtsneutralen Schreibweise verfasst.

3. Auflage — Januar 2022

Verlagsanschrift — Adolf-Bekk-Straße 13, 5020 Salzburg, Österreich
Internet — www.editionriedenburg.at
E-Mail — verlag@editionriedenburg.at
Lektorat — Dr. Caroline Oblasser
Illustrationen — © Bettina Springer-Ferazin
Portraits — Julia Christof © Studioline Regensburg;
Bettina Springer-Ferazin: © Katie Simpson - katiesimpsonphoto.com
Satz und Layout — edition riedenburg
Herstellung — Books on Demand GmbH

ISBN 978-3-99082-070-4

Heike Wolter • Julia Christof
Illustrationen: Bettina Springer-Ferazin

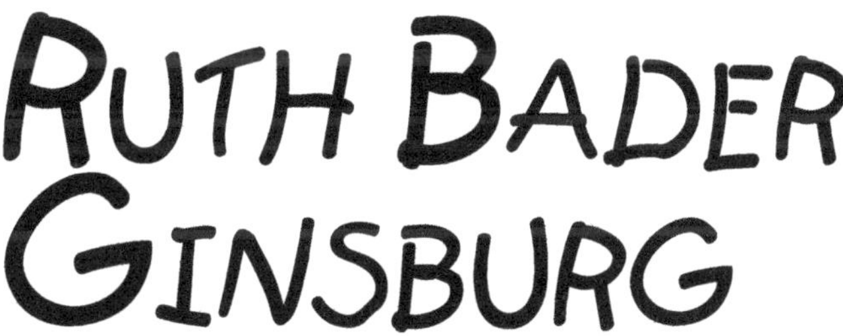

FÜR KLEINE LEUTE
MIT GROSSEN IDEEN.

Inhalt

Joan Ruth Bader

Als Ruth am 15. März 1933 in Brooklyn, einem Stadtteil von New York, geboren wurde, ahnte niemand, dass sie einmal eine bedeutende Richterin werden würde.

Ruth lebte in bescheidenen Verhältnissen mit liebevollen Eltern. Sie nannten Ruth „Kiki“ und taten alles, damit sie eine gute Bildung bekam. Oft nahm ihre Mutter sie mit in die Bücherei.

NATHAN BADER: Ruths Vater war ein jüdischer Einwanderer aus Russland. Er betrieb einen kleinen Fellhandel.

CELIA BADER: Ruths Mutter wünschte ihrer Tochter Unabhängigkeit und Freiheit.

„Meine Mutter sagte: Sei eine Lady – und sie meinte: Sei du selbst, sei unabhängig."

FORSCHUNGSAUFGABE

Was erträumen sich deine Eltern für deine Zukunft? Und was denkst du selbst dazu?

Lernen wollen

Mit großem Erfolg schloss Ruth die High School (Gymnasium) ab, obwohl sie eine schwere Zeit durchmachte. Ihre Mutter starb.

Nach der Schule wollte Ruth weiter lernen. Sie entschied sich für ein Studium und zog von zu Hause aus. An der bekannten Cornell University studierte sie Verwaltungsrecht. Aber damit war ihr Hunger nach Wissen noch nicht gestillt.

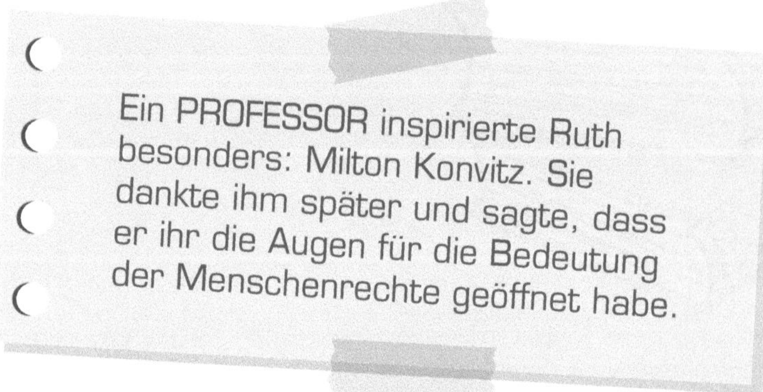

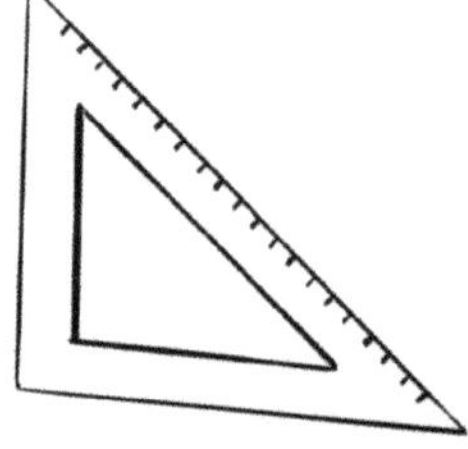

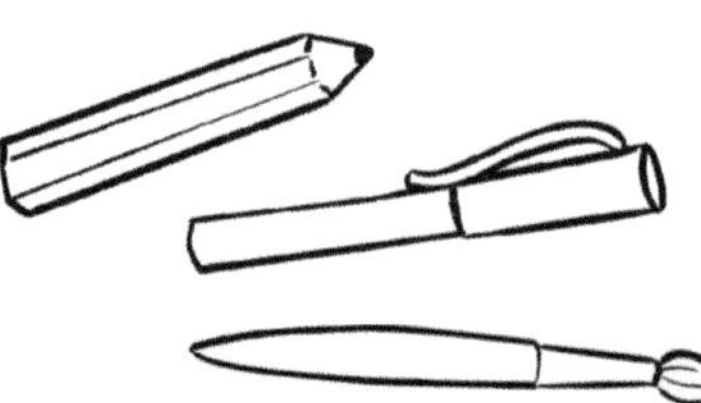

FORSCHUNGSAUFGABE

Worüber möchtest du gern noch viel mehr wissen?

Der Mann fürs Leben

An der Universität traf Ruth Martin, den alle nur Marty nannten. Sie lernten sich bei einem Blind Date kennen, dabei ahnten beide nicht, wie der andere aussah. Marty schummelte jedoch. Beide verliebten sich ineinander und wussten bald: Wir wollen unser Leben miteinander verbringen.

1954 heirateten sie und bekamen bald ihr erstes Kind. Trotzdem wollten beide weiter lernen und zogen dafür nach Harvard um.

GLEICHBERECHTIGUNG: Frauen durften in den fünfziger Jahren beispielsweise ohne die Zustimmung ihres Mannes kein Konto eröffnen. Und Studieren war zwar erlaubt, aber meist gab es dumme Bemerkungen.

„Er war der erste Mann, der sich dafür interessierte, dass ich einen Verstand hatte.“

FORSCHUNGSAUFGABE

Welche Hindernisse gibt es noch heute, wenn Frauen etwas erreichen möchten?

Zum Beispiel: Man traut ihnen nichts zu. Manche denken, sie können Dinge nicht so gut wie Männer. Sie werden schlechter bezahlt.

In Harvard

An einer der besten Universitäten Amerikas studierte Ruth ab 1956 Jura. Dabei war sie nur eine von neun Frauen – unter insgesamt 552 Studierenden. Ein Professor fragte sie, warum sie einem Mann den Platz wegnahm. Manche Mitstudenten nannten sie „Biest“.

Aber bald staunten alle über ihre klugen Gedanken und respektierten sie. Ruth wurde Mitglied im Team der „Harvard Law Review“, einer bedeutenden Zeitschrift von Studierenden des Rechts.

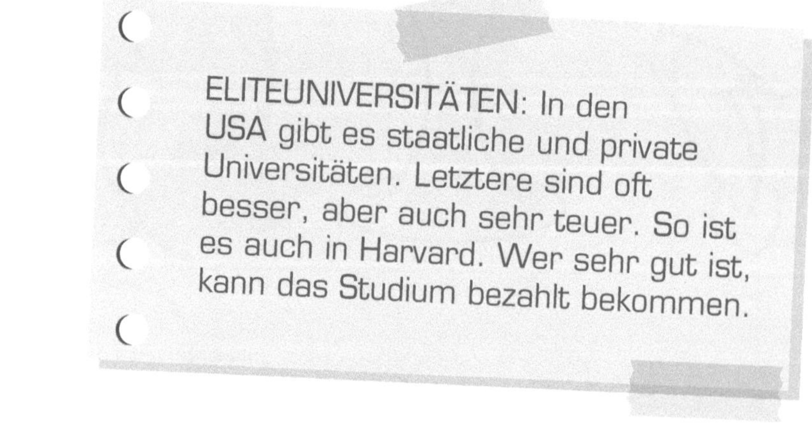
ELITEUNIVERSITÄTEN: In den USA gibt es staatliche und private Universitäten. Letztere sind oft besser, aber auch sehr teuer. So ist es auch in Harvard. Wer sehr gut ist, kann das Studium bezahlt bekommen.

FORSCHUNGSAUFGABE

Was möchtest du einmal werden, wenn du älter bist?

Kinder

Ruth und Marty hatten zwei Kinder. Noch vor Ruths Studium kam ihre Tochter Jane auf die Welt. Zehn Jahre später bekam Jane noch einen kleinen Bruder – James. Auch wenn beide Elternteile immer arbeiteten, kümmerten sie sich liebevoll um ihre Kinder.

Jane wuchs – zur Freude ihrer Mutter – zu einer selbstbewussten jungen Frau heran und ist heute Professorin für Recht an der Columbia Universität.

FORSCHUNGSAUFGABE

Zeichne einen Stammbaum deiner Familie! Welche Gemeinsamkeiten habt ihr?

Jahrgangsbeste

Als Marty einen Job in New York bekam, war für beide klar: Wir möchten als Familie zusammen leben. Ruth setzte durch, ihr Studium an der Columbia University in der Stadt zu beenden. Sie schloss 1959 als Jahrgangsbeste ab.

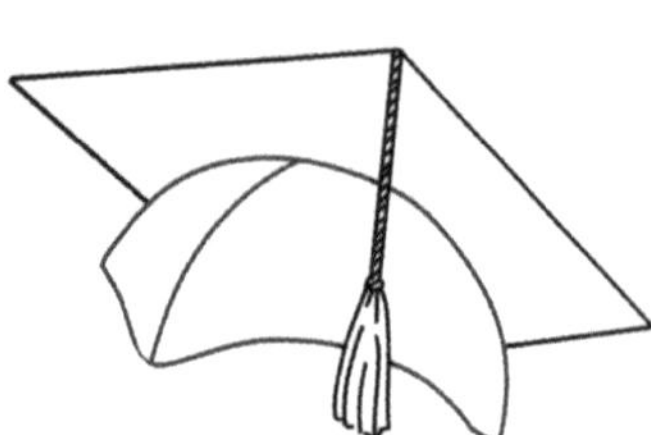

Mit diesem Ergebnis hatte sie die Wahl, zu tun, was immer sie sich erträumte. Das denkt man jedenfalls. Doch schon lagen die nächsten Steine auf ihrem Weg.

Als JURISTIN kann man Verschiedenes werden:

Eine Anwältin vertritt die Interessen von jemandem. Eine Richterin entscheidet vor Gericht einen Streit. Eine Professorin lehrt über das Recht und forscht.

FORSCHUNGSAUFGABE

Welche spannenden Lebenswege haben die Mitglieder deiner Familie?

Abgewiesen

Obwohl sie sogar ein Empfehlungsschreiben mitbrachte, wurde Ruth von vielen Anwaltsfirmen abgewiesen. Die Chefs hatten alle möglichen Ausreden. Die Wahrheit war: Sie wollten keine Frau beschäftigen. Frauen sollten zu Hause bleiben.

Ruth gab nicht auf, sie arbeitete für zwei Jahre bei einem Bundesrichter.

Auch heute werden Frauen bei BEWERBUNGEN schlechter eingeschätzt als Männer – sogar wenn sie den gleichen Lebenslauf haben. Es gibt eine Ausnahme: Nur in angeblichen „Frauenberufen" ist das nicht so.

„Manchmal erweisen sich Hindernisse als großes Glück im Leben."

FORSCHUNGSAUFGABE

Was kannst du besonders gut und konntest es bisher noch nicht (genügend) zeigen?

Frau Professorin

Danach schlug Ruth einen neuen Weg ein. Sie wurde Wissenschaftlerin an der Columbia University und 1963 Dozentin an der Rutgers University. Später kehrte sie als Professorin an die Columbia zurück.

Dort unterrichtete sie einmal einen Kurs über Geschlecht und Gesetz. Sie zeigte ihren Studierenden, wie oft Frauen benachteiligt wurden. Sie bekamen beispielsweise weniger Geld für die gleiche Arbeit. Dagegen protestierten viele aus der Frauenbewegung.

Einen großen Erfolg hatte Ruth mit dem LEDBETTER FAIR PAY ACT. Im Gericht konnte sie sich nicht durchsetzen, aber ihre Argumente überzeugten die Politiker, die ein Gesetz zur Gleichbezahlung schufen.

FORSCHUNGSAUFGABE

Wie hast du schon einmal Menschen mit deinen Argumenten überzeugt?

Für alle Zeit

Ruth und Marty führten eine gleichberechtigte Ehe. Als Marty an Krebs erkrankte, besuchte Ruth zusätzlich seine Kurse an der Universität. Als Ruth keine Arbeit fand, machte Marty ihr immer wieder Mut.

Marty bewunderte seine Frau für ihre Klugheit, gut kochen konnte sie aber nicht. Das tat er. Abends rief Marty Ruth oft an, damit sie nach Hause kam.

Auch MÄNNER brauchten Gleichberechtigung, fand Ruth. Sie brachte einen Fall vor den Supreme Court, in dem geklärt wurde, dass ein Vater als Witwer das gleiche Kindergeld wie eine Mutter erhält.

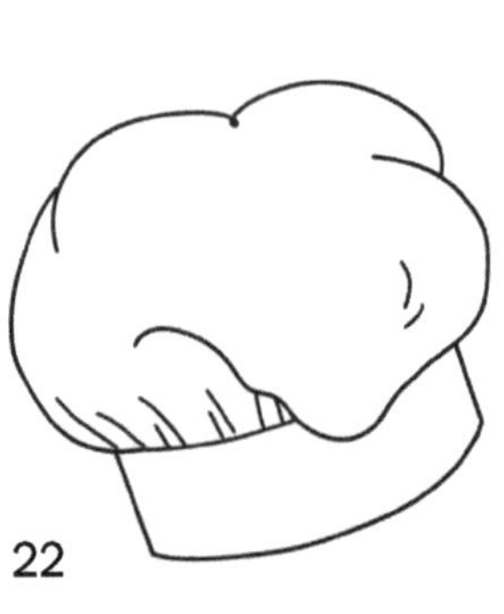

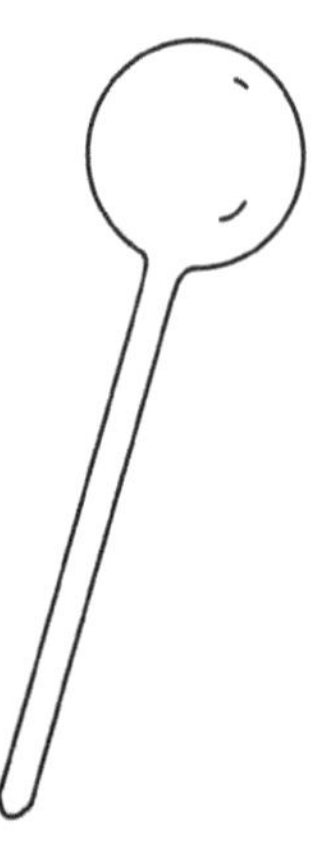

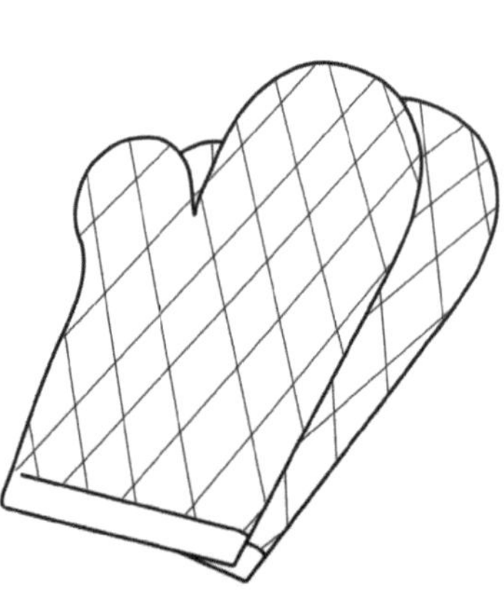

FORSCHUNGSAUFGABE

Wie sind die Aufgaben bei euch zuhause verteilt?

Gegen Ungleichheit

Ruth arbeitete nicht nur an der Universität. Sie engagierte sich auch für die Amerikanische Bürgerrechtsunion ACLU. Diese Organisation setzte sich auch für Gleichberechtigung ein.

Ruth suchte gezielt nach Fällen, in denen Menschen als Mann oder Frau benachteiligt wurden. Sie sorgte dafür, dass diese Themen vor dem höchsten Gericht (Supreme Court) verhandelt wurden. Fünf von sechs dieser Fälle gewann Ruth.

„Kämpfe für die Dinge, die dir am Herzen liegen.“

FORSCHUNGSAUFGABE

Welche wichtigen Menschen- und Bürgerrechte gibt es in Deutschland?

Zum Beispiel: Menschenwürde, Gleichbehandlung, Meinungs- und Glaubensfreiheit sowie Wahlrecht.

Im Gerichtssaal

1980 gab es in Amerika einen fortschrittlichen Präsidenten: Jimmy Carter. Er setzte sich aktiv für Frauenrechte ein und ernannte Ruth zur Richterin an einem Berufungsgericht. Dort wurden Entscheidungen anderer Gerichte überprüft.

Carter schätzte ihre überlegte Haltung und ihren scharfen Verstand. Er nannte sie ein Leuchtfeuer der Gerechtigkeit.

Ein RICHTER muss sich an das Gesetz halten, aber auch sehen, wenn ein altes Gesetz ungerecht ist oder nicht alles beachtet. Dann muss ein Richter helfen, damit das Gesetz noch besser wird.

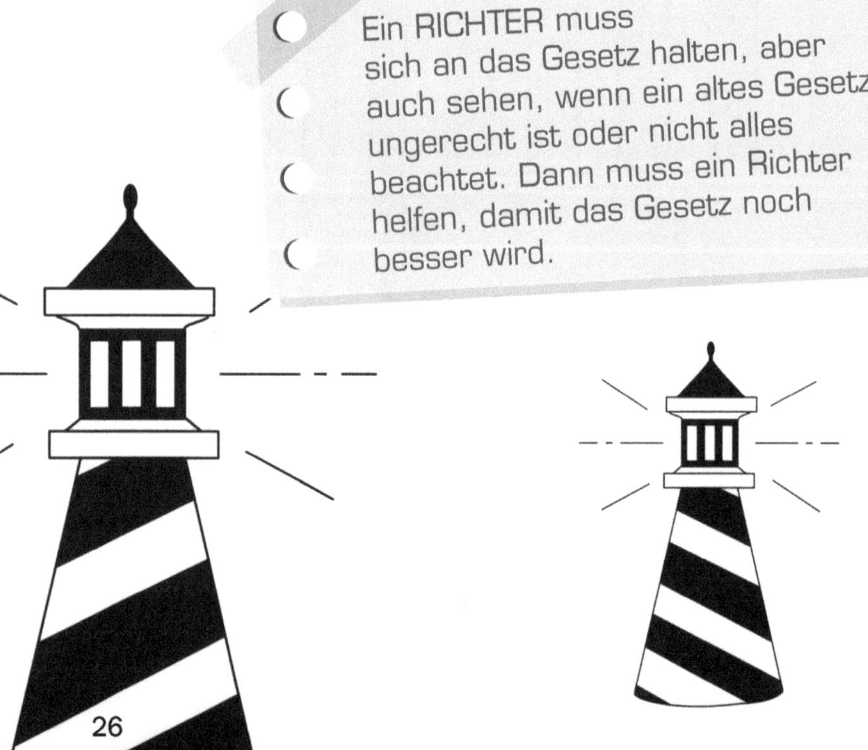

„Wenn du bei Ungerechtigkeit neutral bleibst, verbündest du dich mit dem Unterdrücker.“

FORSCHUNGSAUFGABE

Finde heraus, wer das gesagt hat: „Handle so, dass das, was du tust, ein allgemeines Gesetz sein kann.“

Antwort: Immanuel Kant (1724–1804). Er war ein deutscher Philosoph.

Am höchsten Gericht

1993 ernannte der Präsident Bill Clinton Ruth zur Richterin am Supreme Court. Diesen Vorschlag bestätigte der Senat mit 96 zu 3 Stimmen.

Das ist bemerkenswert, denn in Amerika gibt es zwei Parteien im Senat. Oft findet nur eine davon den Vorschlag gut. Bei Ruth waren sich fast alle einig.

Es gab immer mehr Richter als Richterinnen, zwischen 2006 und 2009 war Ruth sogar die einzige Frau.

Auf die Frage, wann es genug RICHTERINNEN am Supreme Court gebe, sagte Ruth einmal: „Neun!" Sie begründete, dass es lange nur Richter gewesen waren und da hatte auch niemand etwas dagegen gehabt.

FORSCHUNGSAUFGABE

Weißt du, wie das höchste deutsche Gericht heißt?

Antwort: Bundesverfassungsgericht

Mode mit Bedeutung

Ruth musste als Richterin eine typische Kleidung tragen: eine schwarze Robe. Männer können bei diesen Umhängen oben am Kragen ihr Hemd und ihre Krawatte zeigen. Für Frauen ging das nicht, es war ja nicht vorgesehen, dass es Richterinnen gibt. Was tun?

Ruth wollte nicht verstecken, dass sie eine Frau war. Sie trug, je nach Lust und Laune, unterschiedliche Kragen, die man „Jabot" nennt.

- LIEBLINGS-JABOT: eines aus ihrer großen Sammlung
- DISSENT-JABOT: für Ablehnung
- MEHRHEITS-JABOT: für Zustimmung
- ALLTAGS-JABOT: für jeden Tag

FORSCHUNGSAUFGABE

Wie würde dein Jabot aussehen? Männer und Frauen können eines tragen.

Herzensthemen

In ihrer langen Zeit als Richterin am Supreme Court hatte es Ruth mit vielen Themen zu tun. Bei manchen Entscheidungen merkte man, dass ihr ein Thema besonders am Herzen lag.

Mehrfach sprach Ruth über die Gleichberechtigung von Homosexuellen, die Bedeutung des Wahlrechts, das Recht auf Abtreibung und das Problem der Todesstrafe.

2015 wurde in Amerika diskutiert, ob MÄNNER MÄNNER heiraten dürfen und FRAUEN FRAUEN. Fünf Richter und Richterinnen, auch Ruth, waren dafür, vier dagegen. Alle Bundesstaaten mussten diese Ehen erlauben.

„Frauen gehören überall dorthin, wo Entscheidungen getroffen werden.“

FORSCHUNGSAUFGABE

Für welches Thema würdest du dich am liebsten einsetzen?

Anderer Meinung sein

Am Supreme Court werden die Urteile nach der Mehrheit entschieden. Wenn ein Richter oder eine Richterin anderer Meinung ist, werden die Gründe aufgeschrieben, damit alle sie lesen können.

Selbst wenn Ruth nicht der Meinung der Mehrheit war, blieb sie dennoch immer höflich. Sie wandte sich mit ihren Einwänden nicht nur an das Gericht, sondern direkt an die Menschen. Sie sollten sich selbst eine Meinung bilden und etwas ändern.

„DISSENT" ist Englisch und bedeutend, eine andere Meinung zu haben.

Ruths Dissents waren oft aufsehenerregend, denn sie schrieb sie nicht nur auf, sondern trug sie im Gerichtssaal vor.

„Abweichende Meinungen richten sich an eine zukünftige Generation."

FORSCHUNGSAUFGABE

Hast du schon einmal eine andere Meinung gehabt als alle anderen?

Ungewöhnliche Freundschaft

Auch wenn die Richter Antonin Scalia und Ruth bei Gericht selten einer Meinung waren, gingen sie immer respektvoll miteinander um.

Sie hatten viele Gemeinsamkeiten: Beide kamen aus New York, liebten klassische Musik und die Oper. 2015 gab es sogar eine Oper über ihre besondere Freundschaft. Jedes Jahr feierten sie Silvester zusammen und verbrachten sogar manche Urlaube gemeinsam.

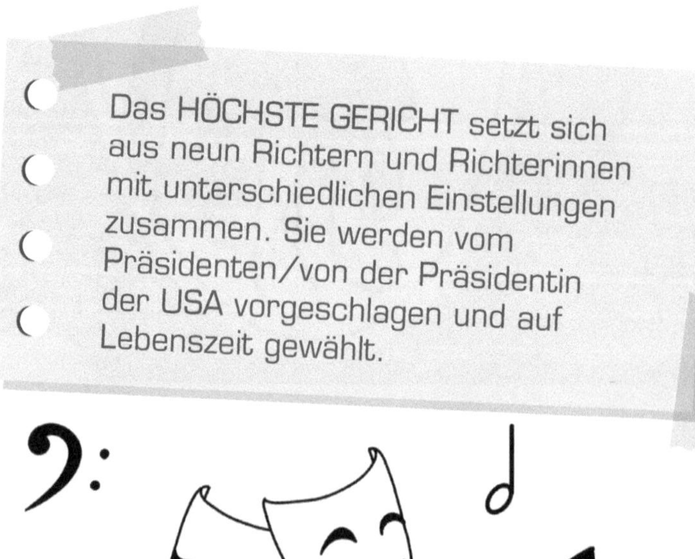

FORSCHUNGSAUFGABE

Mit wem bist du befreundet, obwohl ihr oft unterschiedlicher Meinung seid?

Gesundheit

Ruth war mehrmals in ihrem Leben schwer krank. Doch auch während einer Erkrankung arbeitete sie weiter und fehlte keinen einzigen Tag im Gericht.

Sobald sie wieder gesund war, setzte sie ihr tägliches Fitness-Training fort. Selbst mit 87 Jahren zog sie ihr Sportprogramm noch eisern durch. Auf diese Weise war sie bis ins hohe Alter sehr robust und konnte ihren anstrengenden Beruf ausüben.

RUTHS SPORT-PROGRAMM IN 12 MINUTEN: Zehen berühren, Knie anheben, jede Seite beugen, Arme kreisen, Sit-ups, auf dem Bauch liegend Brust und Beine anheben, seitlich die Beine anheben, Liegestützen, auf der Stelle rennen und hüpfen.

FORSCHUNGSAUFGABE

Schaffst du die links beschriebenen Übungen der Königlichen Kanadischen Luftwaffe?

R.I.P.

Von ihrer letzten Krebserkrankung erholte sich Ruth leider nicht wieder. Auf die Frage, wann sie aufhören würde zu arbeiten, antwortete sie: „Ich werde so lange weitermachen, wie ich es mit voller Kraft voraus machen kann.“ So arbeitete sie bis zu ihrem letzten Tag.

Ruth Bader Ginsburg, die zweite Frau am Obersten Gericht der USA, starb am 18. September 2020, am jüdischen Feiertag Rosh Haschana.

Richter oder Richterin am HÖCHSTEN GERICHT ist man, bis man in den Ruhestand geht oder stirbt.

ROSH HASCHANA ist der jüdische Neujahrstag, ein hoher Festtag.

„Ich würde gerne in Erinnerung bleiben als jemand, die ihr Talent bestmöglich für ihre Arbeit eingesetzt hat."

FORSCHUNGSAUFGABE

Finde heraus, was „R.I.P." bedeutet. Tipp: Auf Deutsch heißt es „Ruhe in Frieden".

Notorious RBG

Ruth wurde ein Vorbild. Nicht viele Richter oder Richterinnen haben Fans, die T-Shirts mit ihrem Gesicht darauf tragen. Aber von Ruth gibt es auch noch Tassen, Puppen, Legofiguren, Malbücher, Tattoos, Halloween-Kostüme und vieles mehr.

Zu Ruths Lebzeiten erschienen bereits mehrere Bücher und zwei Filme über sie. Eine Amerikanerin startete sogar einen Blog, eine Art digitales Tagebuch, das sie „Notorious RBG" nannte.

NOTORIOUS bedeutet „berüchtigt". „Notorious RBG" ist angelehnt an einen Rapper: Notorious B.I.G. Seinetwegen gibt es auch von Ruth ein Bild mit einer Krone. Ruth fand, sie hätten manches gemeinsam.

„Kämpfe so, dass andere sich dir anschließen wollen."

NOTORIOUS RBG

FORSCHUNGSAUFGABE

Was muss jemand erreicht haben, um ganz oft auf eine Tasse gedruckt zu werden?

Hättest du's gewusst?

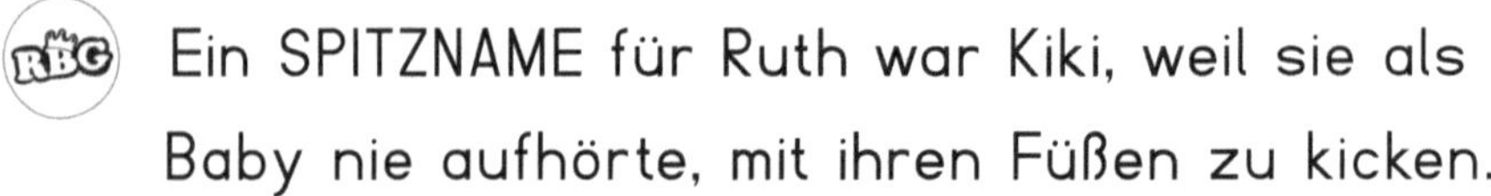

Ein SPITZNAME für Ruth war Kiki, weil sie als Baby nie aufhörte, mit ihren Füßen zu kicken.

Als Kind lernte Ruth KLAVIER spielen und übte ununterbrochen.

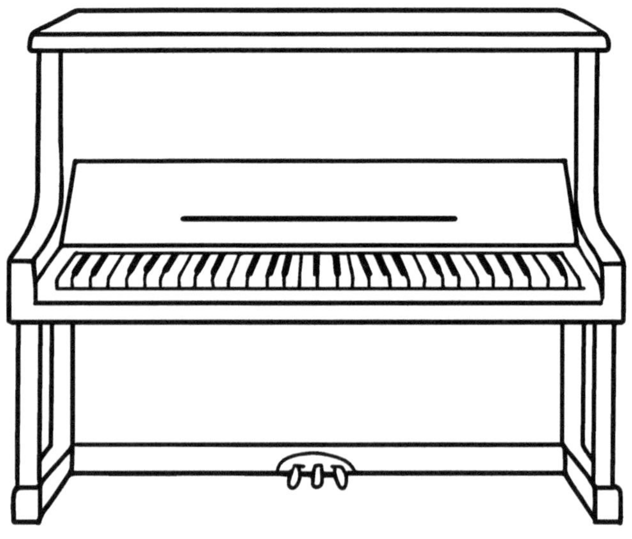

Ruth wurde erst als RUTH gerufen, seit sie in der Schule war. Vorher nannten sie alle Joan. Weil aber viele Joans in ihrer Klasse waren, entschied ihre Mutter, sie nur noch Ruth zu nennen.

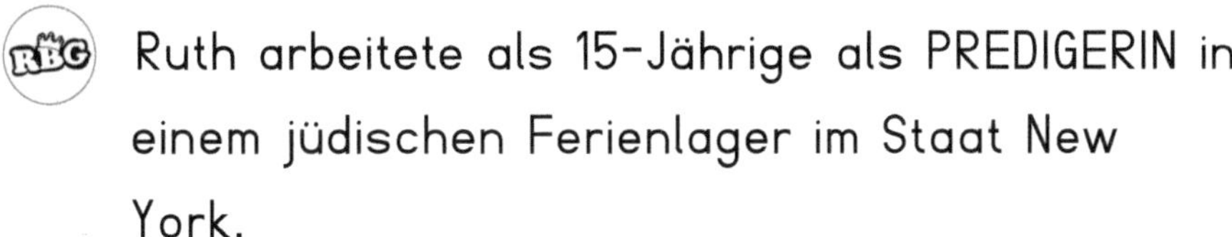

Ruth arbeitete als 15-Jährige als PREDIGERIN in einem jüdischen Ferienlager im Staat New York.

1970 gründete Ruth mit anderen die erste FACHZEITSCHRIFT mit dem Schwerpunkt Frauenrechte mit dem Namen „Women's Rights Law Reporter".

Einmal zählte Ruth bei einem Prozess 178 GESETZE auf, die einen Unterschied zwischen Männern und Frauen machten

Ruth war sehr NERVÖS bei ihrem ersten Fall als Antragstellerin am Obersten Gericht. Aber sie sagte sich: „Ich weiß mehr über diesen Fall als alle Richter."

Ruth sagte einmal, sie hätte schon seit vielen Jahren keine Mahlzeit mehr SELBST GEKOCHT. Zu Beginn sorgte ihr Mann für leckeres Essen, später kochten ihre Kinder und Enkel für sie.

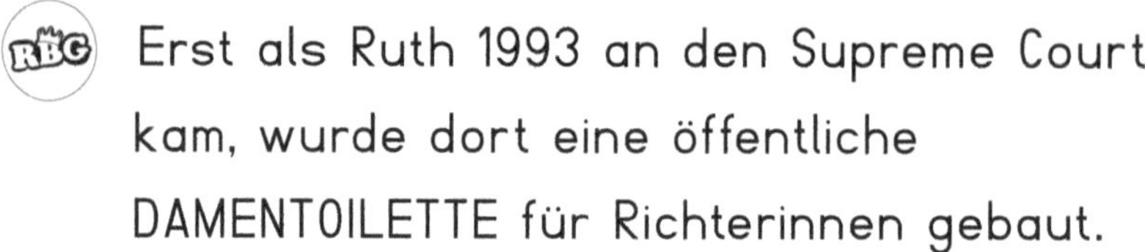

Erst als Ruth 1993 an den Supreme Court kam, wurde dort eine öffentliche DAMENTOILETTE für Richterinnen gebaut.

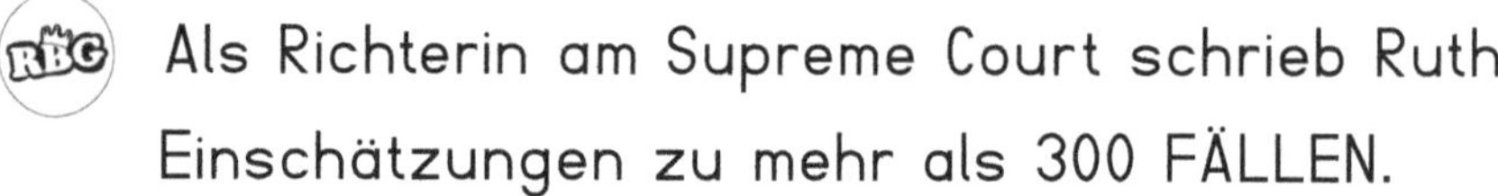

Als Richterin am Supreme Court schrieb Ruth Einschätzungen zu mehr als 300 FÄLLEN.

Als Richterin durfte sie auch STANDESBEAMTIN sein. 2013 verheiratete sie zwei Männer: Michael Kaiser und John Roberts.

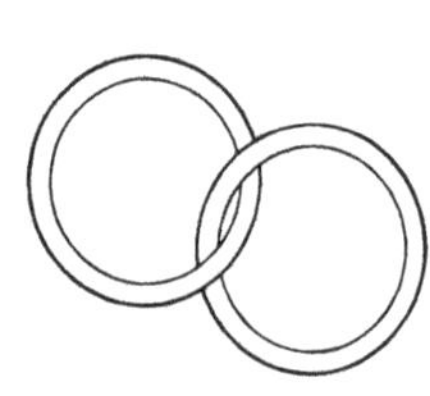

Der Zeitschrift „Elle" sagte sie einmal: „Es stimmt nicht, dass man auf eine FAMILIE verzichten muss, wenn man hoch hinaus will." Nicht nur Ruth, sondern auch einige andere Richterinnen am Supreme Court haben Kinder.

Als Donald Trump 2016 zum Präsidenten gewählt wurde, trug Ruth ihr DISSENT-JABOT.

Ruth arbeitete gern NACHTS.

„Ich sehe mich selbst als flammende Feministin."

FORSCHUNGSAUFGABE

Wer ist dein wichtigstes Vorbild und warum ist sie/er das? In welcher Weise könnte Ruth ein Vorbild für dich sein?

Bei der jährlichen Ansprache des US-Präsidenten zur Lage der Nation SCHLIEF Ruth 2015 kurz ein. Sie hatte die ganze Nacht an einem Fall gearbeitet.

Ruth spielte sogar in mehreren OPERN mit, auch zusammen mit Antonin Scalia.

Sie wäre gern Opernsängerin geworden und sang oft unter der DUSCHE.

Eine BIOGRAPHIE über sie heißt „You can't spell truth without Ruth." Das bedeutet: „Du kannst Wahrheit (engl. T-R-U-T-H) nicht ohne Ruth buchstabieren." Denn ihr Name steckt ja in dem Wort.

Ruth war nur 1,55 METER groß.

Während eines Urlaubs in Frankreich probierte sie PARASAILING. Dabei wird man mit einem Fallschirm hinter einem Boot hergezogen. Ruths Familie und ihre Freunde fragten sich, ob die federleichte Ruth überhaupt wieder herunterkommen würde.

Es gibt eine LEGO-FIGUR von Ruth. Auch andere Spielzeughersteller haben Figuren von Ruth erfunden.

Einige Menschen haben Ruth sogar als TATTOO auf ihrem Körper verewigt. Die Internet-Recherche „Ruth Bader Ginsburg Tattoo" zeigt etliche Beispiele.

Ruth wurde und wird oft als IKONE bezeichnet. Eine Ikone ist ein Mensch, der bestimmte Vorstellungen und Werte lebt, die andere Menschen toll finden. Oft ist so ein Mensch ein Vorbild.

„Bader" ist Ruths MÄDCHENNAME. Das heißt, dass sie vor ihrer Hochzeit so mit Nachnamen hieß. Der Name „Ginsburg" kommt von ihrem Mann Marty. In den USA ist es möglich, seinen Mädchennamen als Mittelnamen zu behalten, anstatt beide Nachnamen mit einem Bindestrich zu verbinden.

Ruth und Marty waren über 50 Jahre zusammen. Auf die Frage, wie sie so lange eine glückliche Beziehung führen konnten, antwortete Marty einmal: „Meine Frau gibt mir keine RATSCHLÄGE beim Kochen und ich ihr keine über das Gesetz."

VERRÜCKT, ABER WAHR: Ein Grund, warum ein Mann Ruth vor vielen Jahren keinen Job geben wollte, war, dass er dann damit aufhören hätte müssen, die ganze Zeit Schimpfwörter zu benutzen. Denn dann wäre eine Frau mit dabei gewesen, und vor Frauen flucht man nicht.

Mach es zu deinem Buch!

Sieh dir die echte Freiheitsstatue von New York im Internet an und male Ruth in den passenden Farben aus.

Schreibe in den Kreis eigene Gedanken über RBG.

Erkläre ein Wort aus dem Buch, das du noch nicht kanntest.

Schreibe die drei wichtigsten Punkte auf, warum Ruth für dich eine starke Frau ist.

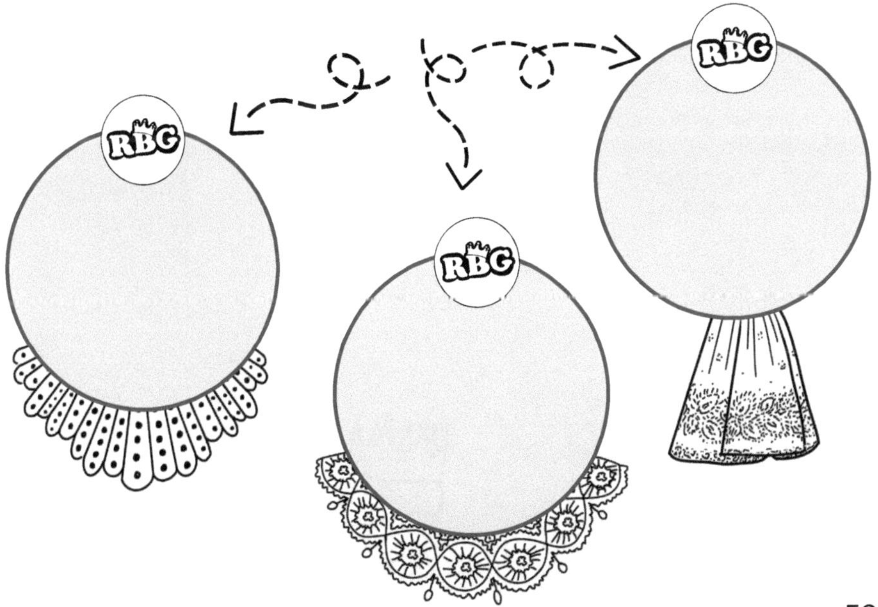

Zeichne Ruth so, wie du sie siehst – zum Beispiel bei einem Hobby, das du dir gut für sie vorstellen könntest.

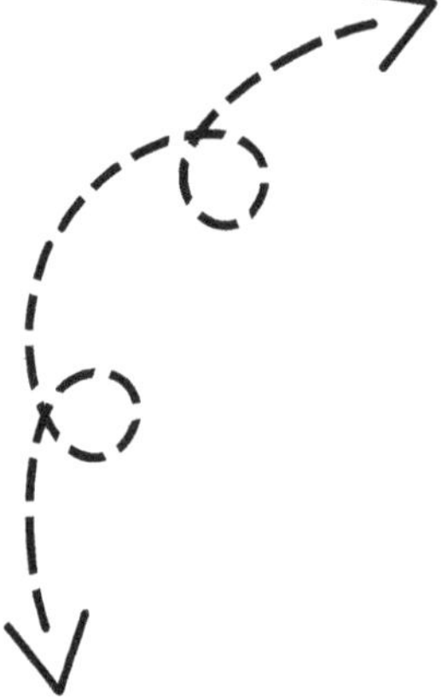

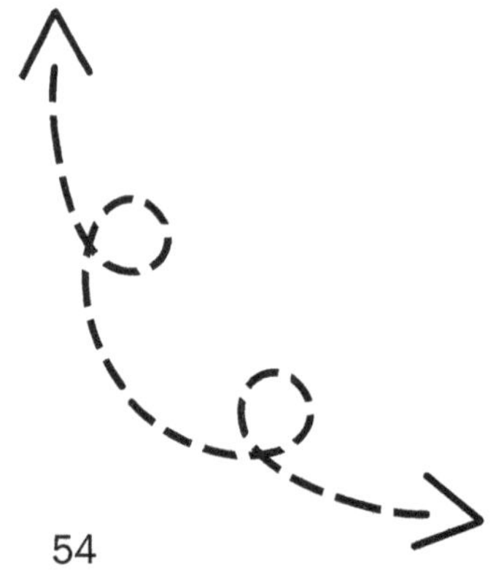

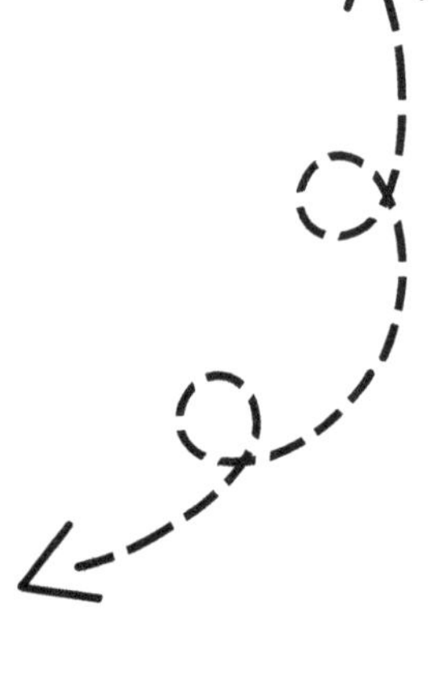

Klebe hier ein Foto von RBG ein. Das findest du z.B. im Internet.

Noch nicht genug?

Wenn du noch mehr über Ruth Bader Ginsburg wissen möchtest, hier einige Empfehlungen:

Der Dokumentarfilm „RBG – Ein Leben für die Gerechtigkeit“ (2018) erzählt von Ruth Bader Ginsburg. Aber vor allem erzählt sie auch selbst.

Der Spielfilm „Die Berufung“ (2018, Julie Cohen, Betsy West) zeigt, wie Ruth als junge Frau lebte und eine erfolgreiche Richterin wurde. Er ist auch für Kinder geeignet und unbedingt sehenswert.

Für zusätzliche Informationen kannst du die Seite über Ruth bei der Datenbank für Frauen-Biografien, Fem.Bio aufrufen. Der Link ist: www.fembio.org/biographie.php/frau/biographie/ruth-bader-ginsburg

Ein englischsprachiger Fan-Blog ist:
notoriousrbg.tumblr.com
Nachdem Ruth gestorben ist, geht es dort um die Erinnerung an sie, aber auch um die neuesten politischen Entscheidungen am Supreme Court.

Drei starke Frauen hinter diesem Buch

Heike ist Historikerin und Autorin. Besonders Frauengeschichten interessieren sie. Ihren Kindern wünscht sie eine Zukunft, in der jede(r) ganz selbst sein und alles erreichen kann.

Julia ist angehende Lehrerin für Geschichte, Englisch und Ethik. Starke Frauen waren ihr schon immer ein Vorbild. An RBG bewundert sie ihren Kampfgeist und ihr Durchhaltevermögen.

Bettina ist Archäologin und zeichnet für ihr Leben gern. Schon als kleines Mädchen hat sie damit begonnen. Sie hofft, dass jeder etwas im Leben hat, das ihn glücklich macht.

Es gibt eine Frau, die wurde oft die mächtigste Frau der Welt genannt: Angela Merkel (*1954).

Sie war 16 Jahre Bundeskanzlerin und sagte: „Wir schaffen das." Lasst uns einen Blick hinter die Kulissen der Weltpolitik wagen.

- Wie schaffte es Angela Merkel ganz nach oben?
- Wodurch hielt sie sich so lange an der Spitze?
- Wie hat sie die deutsche Politik verändert?
- Was sind ihre Träume für die Zukunft?

In diesem spannenden Buch findet ihr die Antworten, auch auf viele weitere Fragen. In leicht lesbarer Druckschrift. Als Schullektüre und für die Schulbibliothek geeignet. Mit Kreativ-Seiten zur eigenen Gestaltung.

KINDERBUCHREIHE_STARKEFRAUEN

FÜR KLEINE LEUTE MIT GROSSEN IDEEN.

„Mama Miti“ – Mutter der Bäume – ist der Name für eine Frau, die Unglaubliches geschafft hat: Wangari Maathai (1940–2011).

Sie war die erste Nobelpreisträgerin aus Afrika. Wangari Maathai hat nicht nur Millionen Bäume gepflanzt, sondern auch Frauen auf der ganzen Welt ermutigt.

- Wer hat an sie geglaubt?
- Welche Steine lagen auf ihrem Weg?
- Welche Botschaft hat sie für uns alle?

In diesem spannenden Buch findet ihr die Antworten, auch auf viele weitere Fragen. In leicht lesbarer Druckschrift. Als Schullektüre und für die Schulbibliothek geeignet. Mit Kreativ-Seiten zur eigenen Gestaltung.

Mit diesem Buch feiern wir 400 Jahre Paris Lodron Universität Salzburg und laden alle Kinder dazu ein, das Leben an der Uni zu entdecken.

Marie, acht Jahre, sommersprossig und wissbegierig, kennt den besten Ort der Welt, um Antworten auf (fast) alle ihre Fragen zu finden: die Universität. Das Salzburger Uni-Abenteuer führt Marie zu einer großen Bibliothek, zwei Ausblicken, drei Forschungszentren, vier Leckereien, fünf Standorten, sechs Fakultäten, sieben Denkmälern, einer merkwürdigen Acht, neun neuen Wörtern und mehr als zehn klugen Studierenden.

- Was hat Universität mit Universum zu tun?
- Warum ist Fragen das Wichtigste?
- Welche berühmte Frau ist mit Marie verwandt?

Findet es gemeinsam mit Marie heraus!

KINDERBUCHREIHE_STARKEFRAUEN

FÜR KLEINE LEUTE MIT GROSSEN IDEEN.

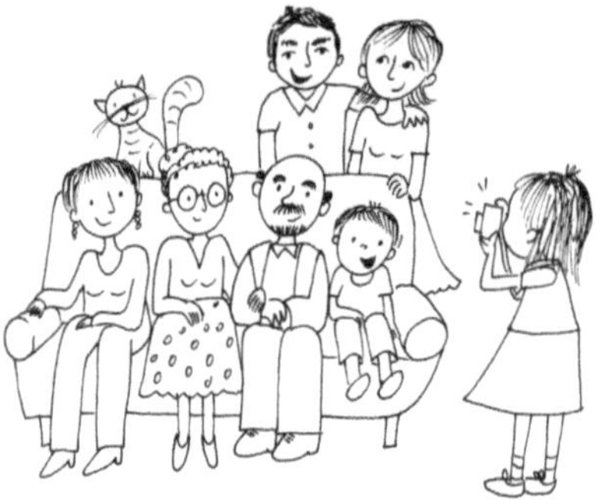

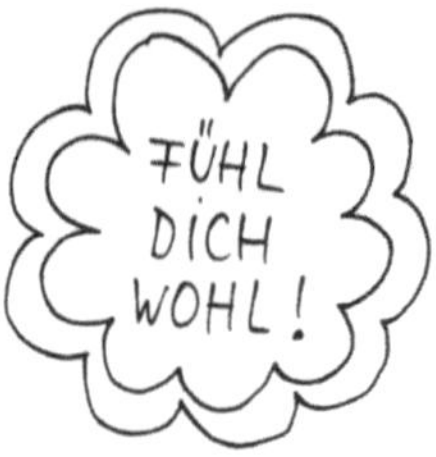

FÜHL DICH WOHL!

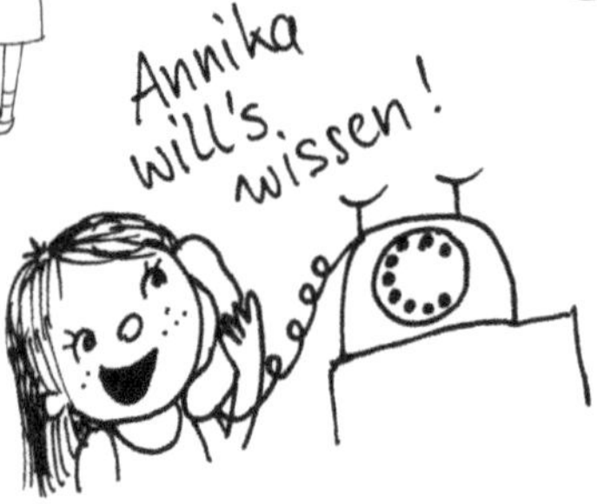

Annika will's wissen!

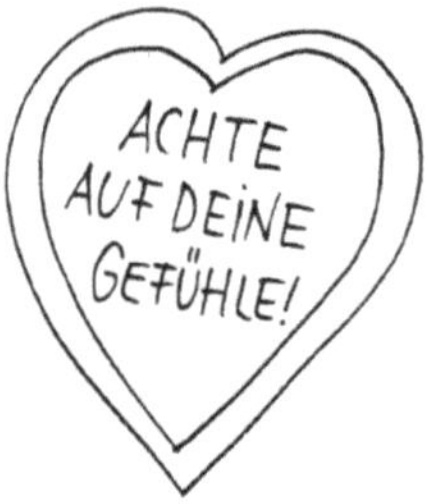

ACHTE AUF DEINE GEFÜHLE!

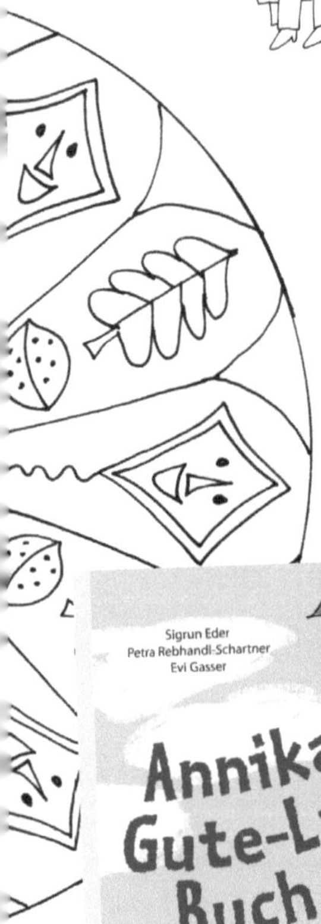

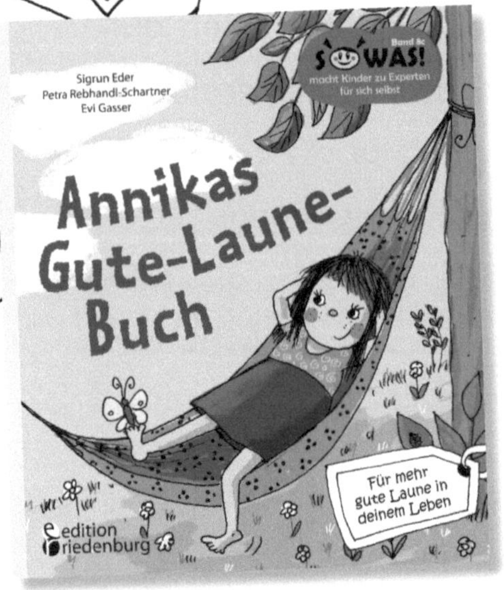

Sigrun Eder
Petra Rebhandl-Schartner
Evi Gasser

SOWAS! Band 8c
macht Kinder zu Experten für sich selbst

Annikas Gute-Laune-Buch

Für mehr gute Laune in deinem Leben

edition riedenburg

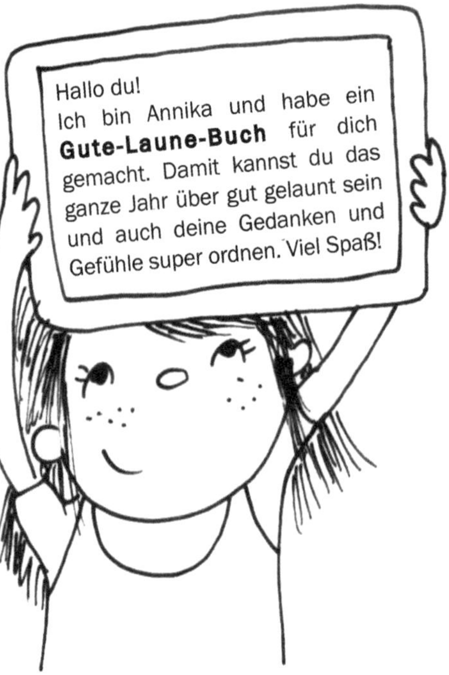

Hallo du!
Ich bin Annika und habe ein **Gute-Laune-Buch** für dich gemacht. Damit kannst du das ganze Jahr über gut gelaunt sein und auch deine Gedanken und Gefühle super ordnen. Viel Spaß!

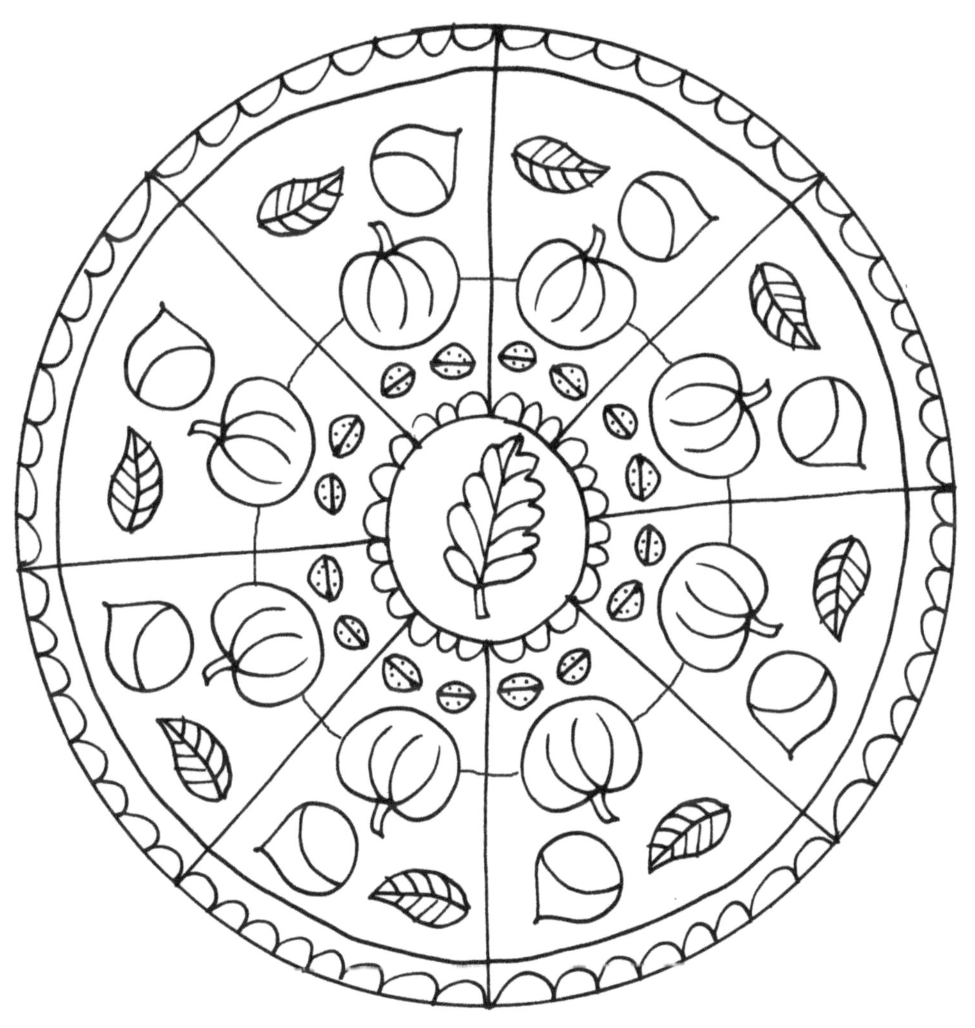

edition riedenburg

editionriedenburg.at

Literaturtipps der edition riedenburg

Überall im (Internet-)Buchhandel

Emil Erdmännchen möchte mit seiner Familie und seiner Freundin Carla Chamäleon einen Ausflug zum himmlisch duftenden Beerenstrauch machen. Doch Carla Chamäleon hat keine Lust, und Emil Erdmännchen versteht nicht, wieso. Bevor es zum Streit kommt, taucht Gino Giraffe auf. Was für ein Glück! Das fröhlich illustrierte Mitmach-Bilderbuch „Was brauchst du?" im handlichen A5-Format unterstützt Kinder dabei, Gefühle und Bedürfnisse zu erkennen, um für jeden eine passende Lösung zu finden. Die Gewaltfreie Kommunikation (GFK) hilft dabei, Konflikte zu lösen.